T0402717

# mejor juntos*

* Este libro se lee mejor juntos, adulto y niño.

akidsco.com

a
kids
book
about

# un libro para niños sobre racismo

por Jelani Memory

**A Kids Co.**
**Diseño y edición** Jelani Memory
**Dirección creativa** Rick DeLucco
**Gestión de estudio** Kenya Feldes
**Dirección de ventas** Melanie Wilkins
**Dirección editorial** Jennifer Goldstein
**Director general y fundador** Jelani Memory

**DK**
**Equipo técnico de Delhi** Bimlesh Tiwary Pushpak Tyagi, Rakesh Kumar
**Edición de producción** Jennifer Murray
**Control de producción** Louise Minihane
**Adquisiciones editoriales** Katy Flint
**Edición de proyectos de adquisición** Sara Forster
**Dirección de arte** Vicky Short
**Dirección de publicaciones** Mark Searle

**De la edición en español**
**Traducción** Nohemi Saldaña
**Revisión** Fernanda Gómez
**Composición y maquetación** Sara García
**Coordinación de proyecto** Lakshmi Asensio
**Dirección editorial** Elsa Vicente

Publicado originalmente en Estados Unidos,
2025 DK Publishing, 1745 Broadway, 20th Floor,
New York, NY 10019

Publicado en Reino Unido en 2025
Dorling Kindersley Limited, 20 Vauxhall Bridge Road,
London SW1V 2SA
A Penguin Random House Company



Título original: *A Kids Book About Racism*
Primera edición: 2025
001-336881-Sept/2025



ISBN: 978-0-2417-4370-6

Impreso en China

**www.dkespañol.com**
**akidsco.com**

Este libro se ha impreso con papel certificado por el Forest Stewardship Council™ como parte del compromiso de DK por un futuro sostenible. **Para más información, visita www.dk.com/uk/information/sustainability**

*Para mi hijo, Solomon*

# Introducción para adultos

Nosotros "los adultos" tratamos de enseñarle a los niños lo más que sea posible mientras crecen. Cosas como decir el abecedario, andar en bicicleta, cuándo decir "por favor" y "gracias". E incluso cosas más grandes; cómo salir a citas, cuándo dejar de hacer algo, y cómo perdonar. Pero hay un buen número de cosas importantes de las que no logramos hablar. Cosas que simplemente son difíciles de hablar.

El racismo es uno de esos temas.

Y al mismo tiempo, ¿cuál es la edad más temprana para que los niños aprendan acerca del racismo? ¿Cuándo es "muy pronto" para que los niños sepan como tratar a aquellos que se ven diferentes? ¿Quién debería enseñarle a los niños a aprender sobre el racismo?

Este es un libro diseñado para ayudar a empezar esa conversación. Para ayudar a los adultos y a los niños a abordar este tema tan difícil y empezar lo que yo espero sea la primera de muchas conversaciones por venir acerca del racismo. ¡Que lo disfruten!

Este es un libro acerca del **racismo**.

¡De veras!

Y sí, es realmente para niños.

Es un buen libro para leer
con un adulto.

Porque tendrás mucho de qué
hablar después.

(¿Solamente tú? Sigue leyendo. ¡El libro no MUERDE!)

Ahora para presentarme…

Mi nombre es Jelani.

# El color de mi piel se ve

(Si eres daltónico, "así" es el color moreno.)

Porque mi papá es

# negro.

Y mi mamá es

blanca.

Esto me hace...

# mestizo.

O…

**Afroamericano,**

**birracial,**

**negro**

**o una persona de color.**

Estoy orgulloso de quien soy y
del color de mi piel.

Pero,

debido al color de mi piel,
la gente no siempre es
amable conmigo.

Algunas veces se burlan de mí.

Otras veces es peor.

La persona que lo hace,
tal vez no se da cuenta
de que eso me **lastima**...

# ¡MUCHO!

Y cuando me tratan de esa manera, me hacen sentir...

pequeño.

Como ves,
algunas personas creen
que tener la piel de color
significa que no eres tan
bueno como otras personas.

A eso se le llama...

# racismo.

# ¿Qué es el racismo?

**Racismo significa odiar a alguien, excluirlo o tratarlo mal debido a su raza o el color de su piel.**

Y sucede todo el tiempo.

cismo racismo

cismo racismo

mo

racismo

racismo

racismo

racismo

cismo racismo

racismo

racismo

racismo

racismo

mo

racismo

racismo

racismo

mo racismo racis

mo racismo

cismo racismo

racismo

smo racismo

racismo

No solo de manera 

LÍCITA,

pero
algunas
veces
se
muestra
de
pequeñas
maneras.

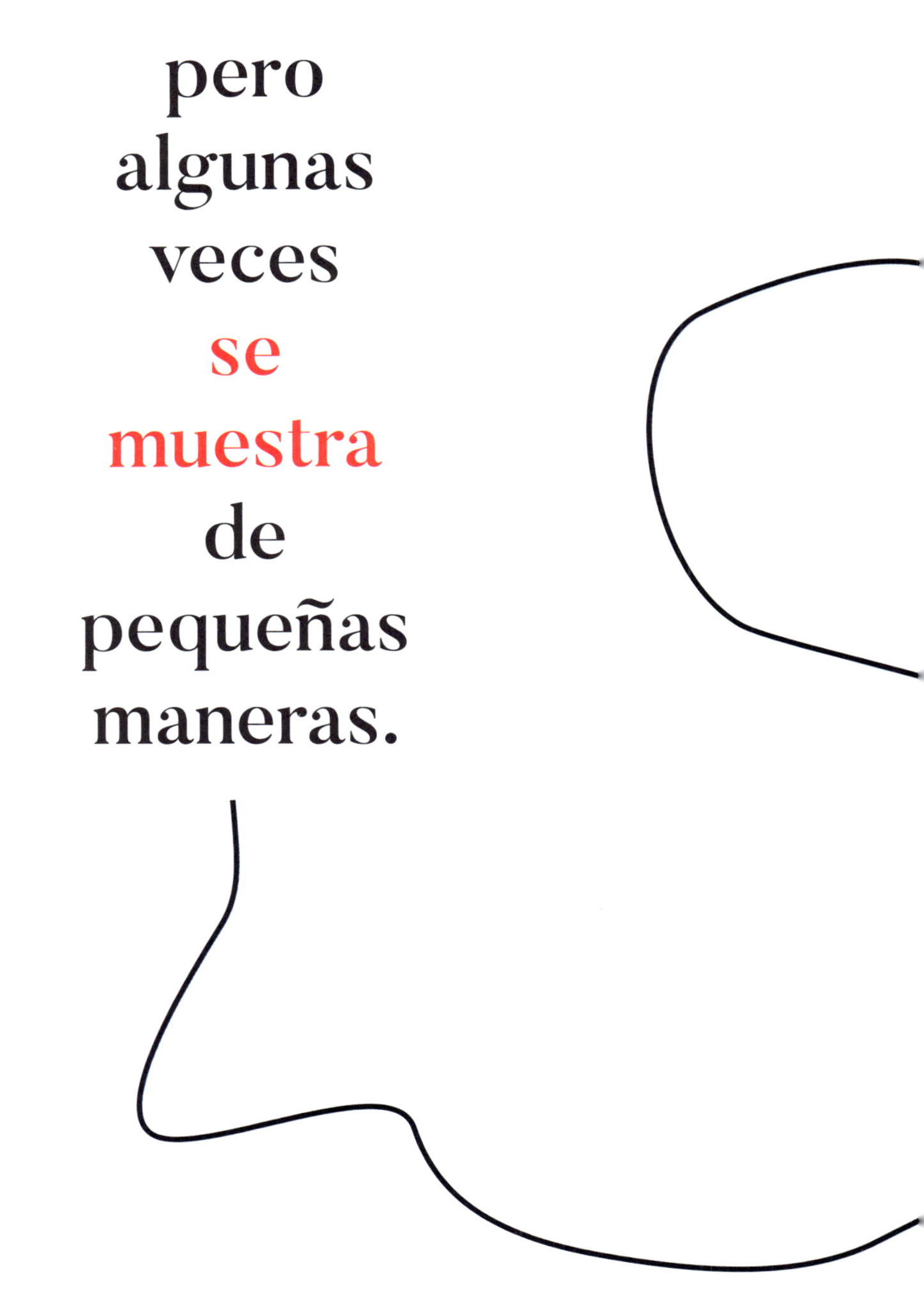

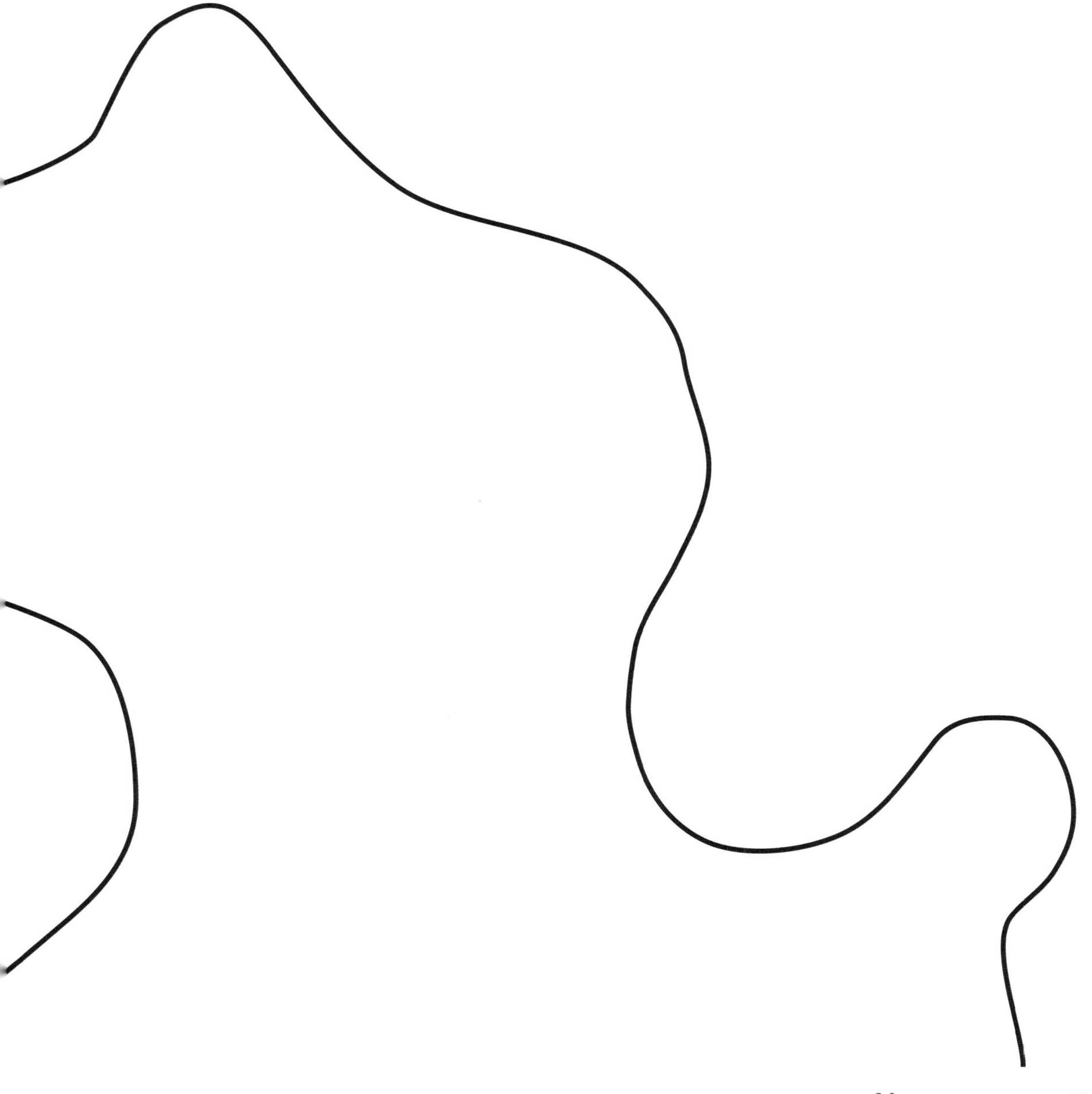

Maneras que son casi invisibles.

**Como....**

una mirada,
un comentario,
una pregunta,
un pensamiento,
una broma,
una palabra
o una creencia.

El racismo es uno de los peores males que una persona pueda tener.

Porque para el racismo,
ser diferente es malo.

PE

RO,

¡ser diferente es
realmente bueno!

Realmente algo muy, muy,

muy, muy, muy, muy, muy, muy, muy, mu
muy, muy, muy, muy, muy, muy, muy, mu
muy, muy, muy, muy, muy, muy, muy, m
muy, muy, muy, muy, muy, muy, muy, mu
muy, muy, muy, muy, muy, muy, muy, mu
muy, muy, muy, muy, muy, muy, muy, mu
muy, muy, muy, muy, muy, muy, muy, mu
muy, muy, muy, muy, muy, muy, muy, mu
muy, muy, muy, muy, muy, muy, muy, mu
muy, muy, muy, muy, muy, muy, muy, mu
muy, muy, muy, muy, muy, muy, muy, mu
muy, muy, muy, muy, muy, muy, muy, m
muy, muy, muy, muy, muy, muy, muy, mu
muy, muy, muy, muy, muy, muy, muy, mu
muy, muy, muy, muy, muy, muy, muy, mu
muy, muy, muy, muy, muy, muy, muy, mu
muy, muy, muy, muy, muy, muy, muy, m
muy, muy, muy, muy, muy, muy, muy, mu
muy, muy, muy, muy, muy, muy, muy, muy

uy, muy, muy, muy, muy, muy, muy, muy,
uy, muy, muy, muy, muy, muy, muy, muy,
uy, muy, muy, muy, muy, muy, muy, muy,
uy, muy, muy, muy, muy, muy, muy, muy,
uy, muy, muy, muy, muy, muy, muy, muy,
uy, muy, muy, muy, muy, muy, muy, muy,
uy, muy, muy, muy, muy, muy, muy, muy,
uy, muy, muy, muy, muy, muy, muy, muy,
uy, muy, muy, muy, muy, muy, muy, muy,
uy, muy, muy, muy, muy, muy, muy, muy,
uy, muy, muy, muy, muy, muy, muy, muy,
uy, muy, muy, muy, muy, muy, muy, muy,
uy, muy, muy, muy, muy, muy, muy, muy,
uy, muy, (ya casi, lo prometo) muy, muy,
y, muy, muy, muy, muy, muy, muy, muy,
uy, muy, muy, muy, muy, muy, muy, muy,
uy, muy, muy, muy, muy, muy, muy, muy,
uy, muy, muy, muy, muy, muy, muy, muy,
, muy, muy, muy, muy, muy, muy, ¡bueno!

# 1000%

# bue

eno.

Porque ser diferente significa que tenemos mucho MÁS para ofrecernos mutuamente.

Como por ejemplo...

ayuda,

ideas,

fuerza,

destrezas,

creatividad,

vida,

paciencia,

respeto,

comunidad,

amor,

conocimiento,

experiencias,

perspectiva,

visión,

diversidad,

sabiduría,

empatía

y originalidad.

Toda esa cosa de
ser diferente,

nos hace mejores.

¡Mucho mejores!

Así que, si ves a alguien que
está siendo maltratado,
burlado, excluido de juegos
o despreciado debido
al color de su piel...

llámale racismo.

# Conclusión
## para adultos

Ahora que ya has terminado el libro, ¿qué es lo que sigue? Bueno, si eres un adulto que le leyó este libro a un niño, ¡espero que muchas cosas! Ellos deberán tener un millón de preguntas para ti, como "¿Ha sido alguna vez alguien racista contigo?" o "¿No le caes bien a algunas personas debido al color de tu piel?" Aprovecha su curiosidad y haz tu mejor esfuerzo.

Te puedo asegurar que tú tienes más miedo de hablar acerca del racismo que ellos. Así que, háblales de tu experiencia con el racismo o la de tus amigos. Háblales sobre la historia de nuestro país y del movimiento de los derechos civiles. Y por encima de todo, sé honesto. Los niños están listos y dispuestos para aprender sobre cosas difíciles, si las personas adultas en las vidas de ellos están dispuestos a hablar de estas.

# Un libro para niños sobre...

un libro para niños sobre racismo

por Jelani Memory

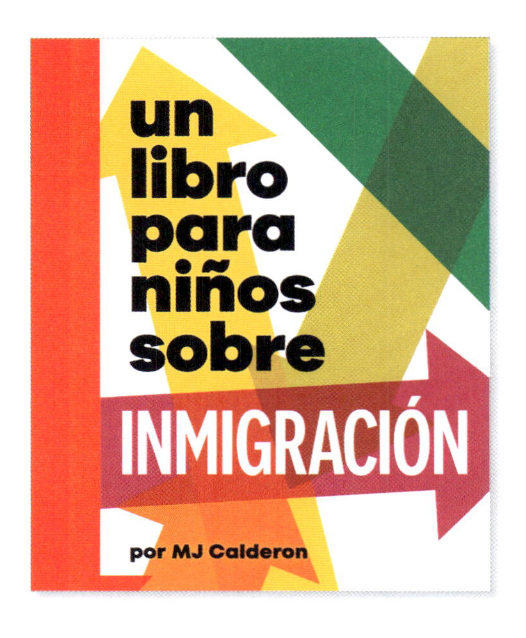